LES MONSIEUR MADAME™

CHERCHE ET TROUVE

hachette
JEUNESSE

BAZAR
À JOLIEVILLE

Pauvre M. Malchance !
Il a eu un accident de voiture.
Heureusement, la police et
les ambulances sont arrivées.
M. Rigolo organise la circulation !

À toi de trouver :

M. Grincheux

M. Costaud

Mme Catastrophe

Mme Pourquoi

Mme Autoritaire

M. Malchance

BONUS

x 5

ENFIN **L'ÉTÉ** !

Quel plaisir de se reposer au soleil ! M. Paresseux paresse sur son transat et Mme Bonheur respire le bonheur ! Même M. Nerveux essaie de se détendre…

À toi de trouver :

M. Endormi

Mme Bonheur

M. Grincheux

M. Nerveux

M. Petit

M. Têtu

BONUS x 5

VISITE À
LA FERME

Poules, cochons, vaches, lapins,
il y a tant à voir à la ferme !
Sacré M. Endormi,
il s'est caché et a effrayé le chat !
Il n'y a que M. Grincheux
pour ne pas s'amuser.

À toi de trouver :

M. Endormi
8 fois

BONUS
x 5

JOURNÉE AU GRAND AIR

Place à la détente !
Mme Bonheur et M. Grincheux
se relaxent tranquillement.
Mais ce n'est pas le cas
de Mme Catastrophe
et de M. Nerveux !

À toi de trouver :

Mme Bonheur

M. Grincheux

Mme Catastrophe

M. Nerveux

M. Bing

M. Silence

BONUS x 5

ESCAPADE
NATURE

Quelle belle journée
à passer entre amis !
Le temps est idéal
pour faire une balade
en montgolfière !

À toi de trouver :

M. Nerveux

M. Mal Élevé

Mme Terreur

M. Tête-en-l'air

M. Curieux

Mme Calamité

BONUS
x 5

JOYEUX ANNIVERSAIRE !

Mme Bavarde a organisé
une grande fête pour son anniversaire !
Ses amis et voisins
sont venus nombreux.

À toi de trouver :

Mme Bavarde

Mme Calamité

M. Rigolo

Mme Canaille

M. Bruit

M. Mal Élevé

BONUS
x 5

BIENVENUE
CHEZ MOI !

Sandwiches, hot-dogs, boissons,
M. Heureux a tout prévu
pour régaler ses amis !
Justement, M. Costaud
a une faim de loup !

À toi de trouver :

M. Mal Élevé
7 fois

BONUS
x 5

QUEL SPECTACLE !

Le restaurant accueille un concert et tout le monde se mêle à la fête ! Mme Canaille, Mme Bonheur et M. Nerveux se sont même déguisés ! Mais M. Sale a fait des siennes et le restaurant ne ressemble plus à rien !

À toi de trouver :

Mme Bavarde

Mme Bonheur

M. Heureux

Mme Canaille

M. Rigolo

M. Bruit

BONUS x 5

JEUX BONUS

TOUT PETIT !

M. Petit est si petit, qu'on ne le voit presque pas ! Mais il est bien présent dans chacune des scènes ! Observe attentivement les scènes pour le trouver !
Il apparaît 8 fois en tout.

M. Petit

JAMAIS SANS MA LOUPE !

Qui peut bien ne jamais quitter sa loupe ?
M. Curieux bien sûr ! Il ne sort jamais sans elle !
Pourtant, il l'a égarée. Observe bien chaque scène et aide-le à la retrouver.
Tu dois en trouver 8 en tout.

M. Curieux

SACRÉMENT BAVARDS !

Le meilleur ami de Mme Bavarde ?
Son téléphone ! Elle le garde toujours dans son sac, pour appeler ses amis !
M. Grincheux aussi téléphone beaucoup... pour se plaindre !
Retrouve leurs téléphones dans chaque scène. Tu dois en trouver 16 en tout.

Mme Bavarde   M. Grincheux

DEVINETTES

Tu as réussi à retrouver tous les Monsieur Madame ? Bravo, tu as un très bon sens de l'observation ! Sauras-tu maintenant répondre à ces questions ? Attention, ces devinettes sont réservées aux experts en Monsieur Madame !

1 BAZAR À JOLIEVILLE :

Un animal sauvage s'est faufilé au volant d'une voiture. Le vois-tu ?

2 ENFIN L'ÉTÉ ! :

De quoi M. Grand aura-t-il besoin pour observer les fonds marins ?

3 VISITE À LA FERME :

Bien étrange cette ferme ! Certains animaux semblent s'être échappés du zoo voisin... Les vois-tu ?

4 JOURNÉE AU GRAND AIR :

M. Tête-en-l'air s'est fait assommer par une taupe ! Combien comptes-tu de taupes dans cette scène ?

5 ESCAPADE NATURE :

Excepté les montgolfières, combien d'objets ou personnages volants vois-tu ?

6 JOYEUX ANNIVERSAIRE :

Peux-tu nommer tous les instruments de musique utilisés dans cette fête ?

7 BIENVENUE CHEZ MOI ! :

M. Endormi confond la télécommande avec son hot-dog !
Peux-tu l'aider à la retrouver ?

8 QUEL SPECTACLE ! :

Pas de spectacle sans magie ! Mais où est donc passé le chapeau de Mme Magie ? Sans lui, impossible de faire ses tours !
Le vois-tu ?

SOLUTIONS : 1/ Le singe dans la voiture orange. **2/** Un masque et un tuba. **3/** Les pingouins et le lézard. **4/** Il y a 4 taupes. **5/** Il y en a 6. **6/** Il y a une guitare, une batterie, un accordéon et une harpe. **7/** La télécommande se trouve dans la boîte surprise de M. Tête-en-l'air. **8/** Le chapeau de Mme Magie a été volé par le singe près de la fenêtre !

SOLUTIONS

Quel spectacle !

Bienvenue chez moi !

Quel spectacle !

Escapade nature

Joyeux anniversaire !

Visite à la ferme

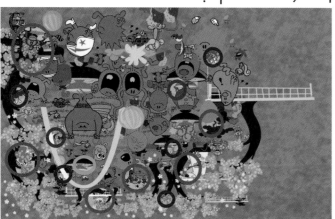

Journée au grand air

Bazar à Joliville

Enfin l'été !

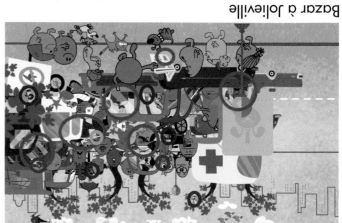